어린이가 말한다
요즘 어린이로 산다는 것

2024년 11월 22일 1판 1쇄 발행

글 김나무 **그림** 경자 **진행** 지혜 **펴낸이** 김상일 **펴낸곳** 도서출판 키다리

편집주간 위정은 **편집** 이신아 **디자인** Studio Marzan 김성미 **마케팅** 윤재영, 장현아 **관리** 김영숙

출판등록 2004년 11월 3일 제406-2010-000095호 **제조국** 대한민국 **사용연령** 사용연령 8세 이상

주소 경기도 파주시 심학산로 10 **전화** 031-955-9860(대표) **팩스** 031-624-1601

이메일 kidaribook@naver.com **이메일** kidaribook.kr 979-11-5785-730-2 (73330)

요즘 어린이로 산다는 것

어린이가
말한다

글 김나무 **그림** 경자

킨디리

차례

요리 초보자는
요린이?

요즘 우리가 자주 접하는 TV나 인터넷에서 '0린이'라는 말, 자주 들어 봤을 거야.
예를 들면, 요리를 처음 배워 서투른 사람들을 '요린이'라고 한다든가, 헬스를 처음
해서 미숙한 사람들을 '헬린이'라고 하는 거 말야.
이런 표현에서 '린이'는 어린이를 뜻해. 그러니까 요린이는 요리 + 어린이고,
헬린이는 헬스 + 어린이인 거야.
왜 하필 어린이가 들어갈까? 그 이유는 이 표현 안에서 찾아볼 수가 있어. 요리를
처음 해서 서투르고 잘 못하는 사람을 '요리의 어린이'라고 부르는 건 어린이를
서투르고 잘 못하는 존재라고 생각하는 거야.

요리를 처음 해서
서투르고 잘 못하는 사람을
'요리의 어린이'라고 부르는 건
어린이를 서투르고 잘 못하는 존재라고
생각하는 거야.

우리가 알다시피 '어린이'는 '미숙하고 서투른 존재'가 아니야. 어린이라서
미숙한 것이 아니라 처음 해 보는 일이라서 미숙하지. 어른도 처음 해 보는 일은
서툰 것처럼 말이야.
어린이인 내가 '0린이'라는 말을 들으면, 왠지 내가 못하는 것투성이가 된 느낌이
들어. 그래서 마음의 상처가 돼.

평소 어린이에 대한 편견을 가지고 있지 않은 사람들도 있어. 그렇지만 계속해서
'0린이'라는 표현을 듣게 되면 저절로 어린이에 대한 잘못된 시선을 가질 수 있어.
이제부터 '0린이'라는 말 대신 '초보자' 또는 '처음 해 보는 사람'이란 말을 쓴다면
어린이를 향한 시선을 바꿀 수 있지 않을까?

학생이니까
공부나 해!

내가 엄마한테 귀에 딱지가 생기도록 듣는 말이 하나 있어.

"그거 할 시간에 책 한 줄을 더 읽겠다."

좋아하는 가수의 영상을 보다가 저 말을 듣고 짜증이 나서 볼륨을 최대로 키웠어.

'영상 하나 보는 걸 가지고 저렇게 말하나.'

기분이 매우 안 좋았어.

다시 생각해 보면 엄마가 한 말이 꽤 옳은 것 같아.

사실 영상만 계속 보는 것보다 책을 읽는 게 나에게 더 좋으니까.

나를 위한 충고는 충분히 받아들일 수 있어.

하지만 도저히 납득할 수 없는 기분 나쁜 충고도 있어.

전에 다니던 학원에서 들은 말이 있어.

내가 선생님에게 "저희 반에 새 친구 언제 와요?" 하고 물으니까 선생님이

30분 넘게 이런 이야기를 하셨어.

"너네 인생에 있어서 친구는 아무 필요가 없어. 굳이 친구를 사귀려고 하지 마."

또 있어. 학원의 같은 반 남자애들이 매주 같이 학원에 왔어. 왜냐하면 같은 학교에
다니거든. 그날도 선생님이 충고를 하셨지.
"내가 저번에 말했잖아. 친구를 사귀고 친하게 지내면 지낼수록 공부를 못하게
된다고. 너희는 이제부터 의식적으로라도 따로따로 다녀, 알겠지?"
그 말을 듣고 나는 기분이 나빴어.
공부 때문에 친구를 포기하라는 말은 전혀 맞는 말이라고 생각하지 않아.

어른들은 대부분 공부가 제일 중요하다고 말하지.
그렇지만 우리에겐 공부만큼 중요한 것이 있어. 친구나 취미처럼 말야.
난 어른들이 공부만 생각하지 않고 우리의 친구나 취미 같은 것을 무시하지
않았으면 해.

우리에겐 공부만큼 중요한 것이 있어.
난 어른들이 공부만 생각하지 않고
우리의 친구나 취미 같은 것을
무시하지 않았으면 해.

어린이는
들어올 수 없습니다

혹시 '어린이는 들어오지 마시오.'라는 경고문, 본 적 있어? 난 있는데.
이런 장소를 '노 키즈 존'이라고 해. 최근 노 키즈 존이 점점 늘어나고 있어.

왜 굳이 어린이가 들어오는 것을 막으려고 할까?
어린이한테 위험한 장소도 아닌데.
바로 어린이는 시끄럽고 산만해서 다른 사람에게 피해를 준다고 생각해서야.

그런데 모든 어린이가 시끄럽거나 산만하지는 않아.
아니, 애초에 시끄러운 어린이라고 해도 그 이유 때문에 어떤 장소를 들어가지
못하게 막는 것이 과연 맞을까?

노 키즈 존 자체가 어린이에 대한 시선을 안 좋게 만들 수 있어. 어린이에 대한 고정
관념을 만들 수 있는 거지. 어린이는 너무 시끄러워서 여기에 들어올 수 없다는 말은
어린이를 시끄럽고 남에게 피해를 주는 존재로 여기는 거야.

노 키즈 존에 대한 사람들의 생각은 서로 달라.
어떤 사람은 노 키즈 존에 찬성하고 또 어떤 사람은 반대해. 앞에서 말한 것처럼
난 노 키즈 존에 반대해. 이제 다른 사람들의 의견도 한번 살펴보자.

노 키즈 존 자체가
어린이에 대한 시선을
안 좋게 만들 수 있어.
어린이에 대한
고정 관념을 만들 수 있는 거지.

먼저 노 키즈 존을 찬성하는 사람들의 생각이야.

식당에 갔는데 어린이들이 너무 시끄러워서 많은 사람에게 피해를 줬어.

몇 번이고 주의를 줬는데도 계속 떠들었지. 뜨거운 음식이 오가는 식당에서

어린이들이 계속 뛰어다니니까 안전 사고가 일어날까 봐 조마조마해.

모든 어린이들을 관리할 수는 없어. 그래서 노 키즈 존이 필요하다는 거지.

노 키즈 존을 반대하는 이유도 들어 봐.

노 키즈 존은 어린이 그리고 어린이와 함께 다니는 보호자의 기본권을 침해해.

기본권은 기본적인 권리야. 가장 중요하다는 거야. 누구도 어떤 이유로도 기본권을
침해할 수는 없어.

아이들은 배우는 존재잖아. 그러니까 노 키즈 존을 정해서 어떤 장소에 들어가지
못하게 막는 것이 아니라, 그곳에서 지켜야 할 예절을 알려 주는 것이 더 중요한 건
아닐까?

키오스크 사용만
가능합니다

지난 추석에 할머니 집에 갔어. 언니와 내가 방에서 각자 스마트폰을 보며 쉬고 있을 때, 거실에서 아빠와 할아버지의 목소리가 계속 들려서 나가 보았어.

아빠가 A4 종이에 이것저것을 쓰고 있었어.
무슨 일인지 궁금해서 더 자세히 봤더니 '짝대기 3개 모양 -> 설정 -> 설정 들어가기' 같은 말들이 빼곡하게 적혀 있었어.
알고 보니 할아버지가 스마트폰에 앱을 설치하고 회원 가입을 하는 과정이 어려워서 아빠에게 도움을 요청하신 거였어.

"아버지, 다시 한번 해 보세요. 이건 이렇게 하는 게 아니라요…."
아빠는 티는 안 냈지만 조금 답답해하는 듯했어.
할아버지는 도저히 모르겠다는 듯 고개를 흔드셨어.
나도 도움이 될까 싶어서 할아버지 옆에 앉아서 살펴봤는데, 나로선 이걸 왜 어려워하시는지 이해가 안 됐어.

평소에는 편리하게 사용하던 키오스크가
오늘따라 좀 복잡해 보였어.
할머니, 할아버지들은
얼마나 더 어렵고 힘드실까?

이런 이야기를 선생님에게 했더니 선생님의 어머니 얘기를 해 주셨어.
선생님의 어머니가 햄버거 가게에 가셨는데 키오스크 사용 방법이 어려워서 주문을
하지 못하고 그냥 나오셨대.
우리 할아버지나 선생님의 어머니 말고도 이런 어려움을 겪는 사람들에 대해 더
알아보고 싶어서 뉴스를 검색해 봤어. 신문 기사에는 많은 할머니, 할아버지들이
우리 할아버지처럼 스마트폰이나 키오스크 사용에 어려움을 느낀다고 나와 있었어.

나는 오늘 집 근처 카페에 가서 에이드를 시켰어. 일단 메뉴를 선택했더니, 포인트
적립 여부를 물어봤어. 이제 카드를 꽂아야 하는데 반대로 꽂아서 다시 처음으로
돌아가서 선택을 해야 했어. 영수증 발급을 묻는 화면이 또 떴어. 평소에는 아무
생각 없이 편리하게 사용하던 키오스크가 오늘따라 좀 복잡해 보였어.
나도 가끔 카드를 잘못 꽂는다거나 터치를 잘못하는데, 할머니, 할아버지들은
얼마나 더 어렵고 힘드실까?

우리 모두가 가게에서 편하게 음료나 음식을 사려면 키오스크 말고도 다른 방법을
생각해 보아야 할 것 같아.
혹은 키오스크에 설명서를 붙여 놓는다든지, 화면의 글자 크기를 키우고 음성 인식
기능도 넣는다면, 모두가 편리하게 이용할 수 있지 않을까?

여자는 간호사,
남자는 소방관?

우리 학교에는 새 학기가 되면 학생들의 장래 희망을 발표하는 시간이 있어.
친구들의 꿈이 무엇인지 알아 가는 시간이지. 한껏 들뜬 마음으로 발표를 들었어.
그런데 똑같은 발표를 반복해서 듣는 느낌이 들었어.
여자아이들의 장래 희망은 모두 간호사, 승무원, 메이크업 아티스트였고,
남자아이들의 장래 희망은 모두 축구 선수, 경찰, 과학자였지.

왜 여자아이들은 항상 간호사, 승무원이 되고 싶고
남자아이들은 축구 선수, 경찰이 되고 싶을까?
그러고 보니 어른들 중에 여자가 축구 선수, 과학자인 경우는 거의 보지 못했어.
남자가 간호사, 유치원 선생님인 것도 말이야.
곰곰이 생각을 하다가 예전에 책에서 보았던 화가 페이스 링골드의 작품이
떠올랐어.

페이스 링골드는 흑인이고 여성이야. 그래서 흑인과 여성의 경험을 그렸어.
작품에 퀼트(천과 천을 서로 바느질로 이어서 무늬를 도드라지게 하는 기법)를
사용하기도 했지.

1971년과 2023년은
50년 넘게 차이가 나는데
여성의 직업이 변하지 않았다는 게
말이 돼?

페이스 링골드의 수많은 작품 중 <여성의
집을 위한 For The Women's House>에는 많은
사람들이 나와.
그 사람들은 모두 여성이야. 우리가 자주 보지
못해서 왠지 어색해 보이는 여성들이지.
운전사 옷을 입은 여성, 경찰복 입은 여성,
농구복 입은 여성. 여성들이 충분히 할 수
있지만 실제로 찾아보기 힘든 직업에 관한
그림이었어.
화가는 이 그림을 1971년에 발표했어.
그 시대에도 여성은 간호사, 승무원,
미용사였나 봐. 지금은 2023년이야.

1971년과 2023년은 무려 50년 넘게 차이가 나는데 여성의 직업이 변하지
않았다는 게 말이 돼?
사람들 머리에 꽉 박혀 있는 여성의 직업, 남성의 직업에 대한 생각을 바꾸려면,
먼저 우리가 쓰는 말을 고쳐야 해.

신문이나 뉴스에서 많이 나오는 '여가수', '여의사', '여교사'라는 말, 들어 봤지?
왜 직업 앞에 '여'가 붙을까? '남가수', '남의사', '남교사'라는 말은 거의 쓰지
않잖아. 바로 남자가 기준과 중심이 되었기 때문이야. 여자는 직업 앞에 따로
'여'라는 말을 붙여서 표시할 만큼 특이한 경우로 분류된다는 거니까.

이제 가능한 이런 말을 쓰지 말자. 우리는 모두 같은 위치에 있고, 같은 능력을
가지고 있다는 걸 잊지 마.

여자니까

그냥 져 줘

여자라서 져 주어야 한다는 말은
편견에 가득 찬 말이야.
여자는 약하기만 한 존재가
아니야.

점심시간이었어. 여자아이와 남자아이가 팔씨름을 했어.
처음에는 서로 팽팽하게 버티고 있었어.
주위를 둘러싼 아이들은 각자 응원하는 사람 이름을 목놓아 외쳤어.
그때 남자아이가 힘을 주었고 여자아이는 힘이 빠졌는지 팔이 바닥에 닿기
직전이었어. 아이들은 곧바로 남자아이를 비난했어.

"야! 뭔 남자가 여자를 이기냐!"
"그냥 져 줘."

남자아이는 어쩔 수 없이 팔에 힘을 풀었어.
그대로 여자아이가 이겼고 아이들은 '당연히 그래야지.' 하는 표정이었어.

이 상황을 옆에서 지켜보던 나는 생각했어. 여자라서 져 주어야 한다는 말은 편견에
가득 찬 말이야. 여자는 약하기만 한 존재가 아니야.
누군가 너에게 "여자니까 져 준다."고 말하면 이렇게 대답해.

"나는 스스로 나를 지킬 수 있는 힘이 있어.
만약 도움이 필요하다면 그때 내가 도움을 요청할게."

지금은 괜찮아.

도움이 필요하면
말한다고!

넌 여자처럼
예쁘게 생겼어

우리 반에는 속눈썹이 길고, 머리도 긴 남자아이가 있어.
반 애들 거의 모두가 그 남자아이에게 이렇게 말하면서 웃어.

"넌 예쁘게 생겼으니까 여자야."
"넌 참 여성스럽다."
"왜 여자 화장실로 안 가고 남자 화장실로 가?"
그럴 때마다 남자아이의 얼굴은 구깃구깃해져.
가끔 웃기도 하는데 애써 웃어 넘기려는 게 눈에 보여.

국어사전에서 '여성스럽다'를
찾아보면 이렇게 나와.
'보기에 여자의 성질을
가진 데가 있다.'

완전 예쁘다.

여자 아냐?

여자 같아!

'여자의 성질'이란 뭘까? 아마도 많은 사람들이 '예쁘다', '청순하다', '귀엽다'를 떠올릴 거야. 그래서 여성스럽다는 말은 쓰면 안 돼.

여성스럽다는 말을 머리끈이라고 생각해 봐.

우리는 '여성스럽다'라는 끈 안에 꽉 묶여 있는 거야. 쉽게 벗어나지 못하게 강요와 압박을 받고 있어.

우리는 여성이기 전에 사람이야. 사람은 각각의 특징이 있고 다 다르지.

사람으로서 저마다의 개성을 존중해야 해.

앞으로 여성스럽다는 말을 듣게 되면 이렇게 말할 수 있어.

"여성스럽다는 말이 마치 예뻐야 한다고, 연약해야 한다고 강요 받는 것 같아서 싫어. 그러니까 이런 말은 조심해 줄래? '여성스럽다', '남성스럽다'가 아니라 '너답다', '매력있다'처럼 그 사람을 표현할 수 있는 말들이 많아."

"넌 예쁘게 생겼으니까 여자야."

"왜 여자 화장실로 안 가고 남자 화장실로 가?"

그럴 때마다 남자아이의 얼굴은 구깃구깃해져.

너 말이야,
공부 잘하지?

"너 공부 잘하지?"

평화로운 점심시간이었는데, 갑자기 힘 빠지는 말을 들었어.

처음 본 아이가 저런 말을 해서 당황스럽고 곤란했어.

나는 공부를 못한다고 했어.

그랬더니 그 아이가 거짓말이라면서 공부를 되게 잘할 것 같이 보인다고 하더라.

나는 머릿속에 물음표가 가득 찼어.

'왜 대뜸 찾아와 저런 말을 하지?'

비슷한 경험이 하나 더 있어. 전에 다니던 학원에서, 선생님이 나에겐 너무 어려운
난이도의 시험을 보게 하셨어. 결과가 나오고 선생님이 "생각보다 잘하진 않네.
준비 제대로 안 했니?"라는 말과 실망한 듯한 표정을 지으셨어.

'왜 내가 당연히 영어를 잘한다고 생각하시지?'

선생님이 날 너무 과대평가해서 말씀을 하신 것 같아서 속상했어.

사람들은 왜 드러나는 모습만 보고
모든 걸 판단하려 할까?
왜 마음대로 판단하고 나서,
상대방이 자신의 판단과 다르다고
실망할까?

곰곰이 생각해 보았는데, 내가 안경을 쓰고 말도 많이 안 하는 조용한 성격이고
글씨체도 예쁘니까 공부를 잘한다고 판단하는 거 같아.
사람들은 왜 드러나는 모습만 보고 모든 걸 판단하려 할까?
왜 마음대로 판단하고 나서, 상대방이 자신의 판단과 다르다고 실망할까?

안경을 쓰고 조용하면 공부를 잘하고 똑 부러지는 성격,
좀 시끄럽고 해맑으면 공부를 못하고 덤벙거리는 성격,
눈꼬리가 위로 올라가 있고 잘 웃지 않으면 까칠하고 신경질적인 성격이라고
생각하겠지만, 사실은 그렇지 않아.

나는 안경을 쓰고 조용하지만, 공부를 잘하지 않아.
사실 엄청 어리바리하고, 귀찮아서 안 하는 게 많아.
사람을 보여지는 모습만으로 섣불리 판단하면 안 돼.
그 사람과 이야기를 나누고 친해지면 예상했던 것과 엄청 다른 사람이라는 걸
점점 알게 될 거야.

왜 밤에
짧은 치마를 입고 돌아다녀?

나는 뉴스나 신문을 잘 안 봐. 엄마가 맨날 뉴스 좀 보라고 잔소리를 얼마나 하는지.
그래도 안 봐. 요즘 사회가 어떻게 돌아가고, 무슨 일이 일어났는지 잘 몰라.
sns에서 추천 영상을 휙휙 넘기다 보면 '00 사건 가해자 구속' 하고 뜨는데
별 관심이 없어서 넘겨 버리지.

근데 아주 가끔, 휙휙 영상을 넘기던 손을 멈추게 하는 뉴스들이 있어.
"00 사건에 충격적인 비밀이 있다!"
"00 사건의 피해자가 말했다. 사실은 말이죠….”
영상을 본 후에 사람들이 맘대로 남긴 반응도 봤어.
"근데 피해자도 좀 그렇다. 왜 저 밤에 짧은 치마를 입고 돌아다님?"
"인정. 조심 좀 하지.”

나는 사람들이 피해자를 탓할 거라고는 상상도 못 했어. 피해자 탓을 하는 댓글에
'좋아요'가 수천 개 눌러져 있고 댓글을 인정하는 분위기여서 너무 놀랐어.
어디서 들었는지 모르는데 '2차 가해'라는 말이 딱 생각났어.
내가 알고 있던 2차 가해의 예시와 완전 똑같은 상황이었거든.
피해자는 충분히 힘들고 괴로워. 그런데 인터넷상이나 일상에서 피해자를 비난하고
피해자에게 상처 주면 2차 가해가 되는 거야.

무심코 하는 말이나 행동이
피해자에게는 큰 상처가 된다는 걸 알았으면 해.
우리도 가해자가 될 수 있는 거야.

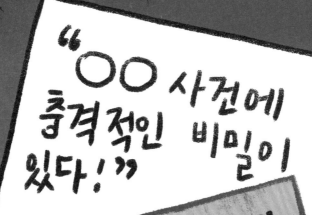

생각해 보면 2차 가해는 우리에게 먼 이야기가 아니야.

학교에서도 충분히 일어날 수 있거든.

주변에 따돌림 받는 친구가 있니? 그 친구가 왕따를 당했다는 게 밝혀졌을 때 우리의
반응은 어떨까? 괴롭힌 사람이 누군지도 관심이 가겠지만 왕따를 당한 학생이
몇 반인지, 이름이 무엇인지, 어떤 성격이나 외모를 가졌는지 관심을 가지지 않니?

나는 운이 좋아서 주변에서 왕따 당하는 걸 본 적이 없어. 하지만 다른 학교 친구의
얘기나 드라마 또는 책에서 따돌림을 많이 접하지. 그럴 때마다 사람들의 반응은
똑같아. 피해자가 복도를 지나갈 때면 웅성웅성거리고 모든 관심이 피해자에게
쏠려. 피해자는 혼자가 된 것 같은 기분이 들 거야.
반대로 가해자는 무서우니까 사람들이 가해자의 눈치를 봐.

우리가 무심코 하는 말이나 행동이 피해자에게는 큰 상처가 된다는 걸 알았으면 해.
우리도 가해자가 될 수 있는 거야.
되돌아보면 내가 봤던 뉴스의 헤드라인과 내용도 일부러 사람들의 궁금증을
유발하려고 자극적인 말을 갖다 붙인 거야. 내가 그 뉴스를 그냥 넘기지 않고
끝까지 본 이유도 궁금해서였지. 피해자에 대한 궁금증 때문에 뉴스를 보는 태도를
바꿔야겠어.

쟤야?

그 왕따 당한다는 애가?

불쌍해~ ㅋㅋ

남자애들은
원래 글씨를 못 써

남자든 여자든 잘하는 게
정해져 있진 않아.
누구든 잘하고 싶은 게 있으면
마음을 먹고 시도하고 연습을 하면 돼.

점심시간이 막 끝나고 식곤증이 몰려오기 시작하는 5교시였어. 수업은 역시나
지루하고 졸려. 팔베개를 하고 자려는데, 선생님이 종이를 한 장씩 나누어 주셨어.
손으로 수업 내용을 필기하라고 하셨어.

나는 공부에는 자신 없어도 필기만큼은 자신 있어. 필통을 뒤적거렸어. 아주 비싼
샤프 하나를 꺼냈어. 나는 나만의 샤프심 관리법이 있어. 빈 종이에다 심을 한쪽만
대고 막 문지르면 뾰족한 느낌이 사라져서 부드럽고 자연스럽게 써져.

선생님이 칠판에 써 주시는 내용을 그대로 종이에 또박또박 옮겨 적었어. 역시나
잠이 깨고 자세를 고쳐 앉게 되더라. 옆에 앉은 남자애는 손에 힘을 빼고 대충
끄적이다가 벌써 다 썼는지 엎드려 자고 있었어. 그 애의 종이엔 글자가 아닌
지렁이들이 꿈틀대는 것 같았어.

필기를 다 하고 선생님께 검사를 받으러 줄을 섰어. 앞뒤에 남자애들의 글씨는
하나같이 별로였어. 선생님은 몇몇 애들의 공책을 보곤 눈살을 찌푸리시더니
말하셨어.
"얘들아, 너네가 쓴 글씨가 엉망이어서 잘 보이지가 않잖니. 이렇게 날려 쓰면 혼날
줄 알아. 여자애들은 예쁘게 잘 쓰잖아."

그러자 남자애들은 선생님에게 짜증을 냈어.
"쌤, 여자애들은 태어날 때부터 글씨체가 예쁜 거잖아요."
다른 애들도 이 말에 동의한다는 듯이 고개를 끄덕였어.

나는 저 말을 한 애를 포함한 다른 애들이 한순간에 미워졌어.
나를 비롯한 수많은 여자애들은 태어날 때부터 차분하고 섬세해서 글씨체가 예쁜 게
아니야. 글씨를 잘 쓰려고 열심히 연습한 거야. 나는 글씨를 잘 쓰고 싶어서 노트에
여러 글자들을 써 보기도 하고, 다른 사람들의 글씨체를 따라 써 보기도 했어.

어떤 사람들은 '남자애들은 원래 글씨를 못 써.' 하고 생각을 해.
어쩌면 남자애들은 그 생각에 갇혀 글씨를 잘 쓰려는 시도조차 안 하는 거 아닐까?

만약 네가 남자인데 글씨를 잘 쓰고 싶다면 그냥 있지 말고 '여자애들은 어떻게
저렇게 글씨를 잘 쓸까?' 하고 고민해 봐. 그리고 노트를 펴서 몇 번이고 다시 쓰며
연습을 해 봐.
여자니까 글씨를 잘 쓰는 건 당연한 게 아니라 '그만큼 많이 써 본 거다.'라고 생각해
줬으면 좋겠어.

남자든 여자든 잘하는 게 정해져 있진 않아.
누구든 잘하고 싶은 게 있으면 마음을 먹고 시도하고 연습을 하면 돼.

아이돌인데
당연히 해야지

난 매일 아이돌 영상을 찾아서 봐.
오늘도 아이돌 영상을 보고 그 밑의 댓글도 봤어.
'아이돌한테 애교 좀 그만 시키지? 너무 힘들어 보여.'
이 댓글을 보고 나서 평소엔 신경 쓰지 않았던 아이돌의 애교가 마음에 걸렸어.

그러고 보니 항상 예능 프로그램에서 엠씨가 아이돌에게 "애교 좀 보여 주세요!",
"벌칙으로는 요즘 유행하는 애교를 해야 합니다!"라고 하지.
애교를 덜 보여 줬다고 "좀 부족한 것 같은데요?"라며 억지로 더 시키기도 해.
수많은 카메라가 찍고 있고 수많은 사람들이 보고 있는데 하기 싫다고 마냥 거절할
수도 없는 상황이야. 그래서 어쩔 수 없이 하게 되는 경우가 많을 거야.

아이돌은 직업이야.
일을 할 때 무대 위에서
노래를 부르고 춤을 춰.
우린 아이돌의 그 모습을 좋아해.
그냥 사람으로 있는 시간은
우리가 개입하면 안 되는 영역이야.

만약 내가 아이돌이라면 어땠을까?

얼굴이 빨개지면서 '내가 왜 여기서 이런 걸 하고 있지?'라고 생각할 거 같아.

부끄러워서 뛰쳐나가고 싶은 마음일 거야.

아무 생각 없이 보던 예능 속 아이돌의 애교가 얼마나 힘든 일인지 알게 되었어.

아이돌을 괴롭히는 또 다른 문제가 있어.
아이돌의 집 앞에 숨어 있거나, 라이브 방송 중 아이돌의 개인 전화로 연속해서
전화를 걸지. 아이돌을 따라 다니면서 개인적인 모습들까지 몰래 사진을 찍기도 해.

내가 좋아하는 아이돌의 사생활이 보장되지 않을 때면 마음이 아파. 내가 어디에
가고, 누굴 만나고, 무엇을 하는지 모든 걸 알려고 하고, 게다가 전화번호까지
알아내는 사람들이 있다고 생각하면, 소름이 돋고 한숨이 저절로 나와.

아이돌은 직업이야. 일을 할 때 무대 위에서 노래를 부르고 춤을 춰.
우린 아이돌의 그 모습을 좋아해.
그 밖에 아이돌이 아닌, 그냥 사람으로 있는 시간은 우리가 개입하면 안 되는
영역이야. 사람은 누구나 보여 주고 싶지 않은 부분도 있거든.

진짜 비행기를
안 타 봤다고?

딩동댕동 쉬는 시간을 알리는 종이 쳤어. '드디어 끝났다.' 하고 시원하게 기지개를 켰어. 월요일이라서 그런지 힘이 쭉쭉 빠졌어. 돌아다니지 않고 조용히 자리에 앉아서 멍이나 때리고 있었지. 옆자리에서 친구들이 얘기하는 소리가 들렸어.

세상에는 우리가 당연하다 생각하지만
당연하지 않은 일들이 많아.
그러니까 곰곰이 생각해서
신중히 말하기로 하자.

나는 못 들은 척 엎드려서 생각했지. 내가 만약 저 친구라면 기분이 어떨까?
어디를 가냐고 내가 묻긴 했지만 친구의 반응이 왠지 좀 서운할 거 같아.
비행기를 한 번도 타 보지 않은 게 뭐 얼마나 이상한 거라고.

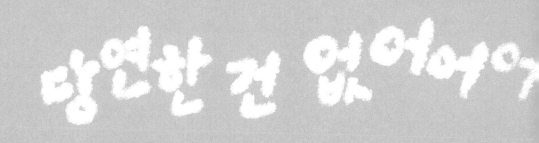

당연한 건 없어어어

가끔 여행에 관한 대화를 할 때가 있잖아. 같이 대화하는 친구들 중에 비행기를 타보지 않은 친구도 있을 거야. 그렇지만 이제 비행기를 타고 여행 가는 게 당연해져서 '이 얘기가 저 친구를 불편하게 하겠지?'라고 의식하고 대화하진 않을 거란 말이지. 근데 비행기를 타고 여행하는 건 그 가족의 상황과 관련이 있어. 비행기 타는 것은 절대 당연한 일이 아니야.

카카오톡은 어떨까? 카카오톡 사용도 당연한 게 아니야. 내가 읽은 책 중에 이선주 작가님의 소설 《열여섯의 타이밍》이 떠올라. 소설에 나오는 인물은 카톡을 쓰지 않아. 그래서 모둠 활동을 할 때, 단톡방을 이용하지 못하는 상황이 와. 모둠 아이들이 불만을 느끼고 짜증을 내지.
물론 다 같이 나눈 대화를 또다시 전달해야 하는 게 번거롭고 답답할 순 있어.
하지만 카톡 사용은 당연한 게 아니야. 개인의 선택이지.

우리 반에도 얼마 전까지 카톡을 쓰지 않고 문자로만 소통하던 친구가 있었어.
거의 모든 반이 그렇듯 우리 반에도 단톡방이 있어. 주로 단톡방에서 공지 사항을 알려 줘. 혼자만 공지를 못 받으면 안 되니까
나 아님 부반장이 그 아이에게 따로 문자를 보내 주곤 했어.

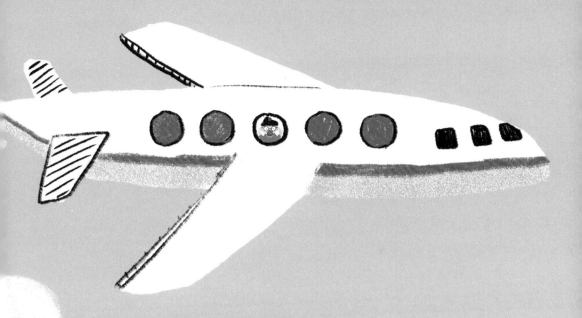

사실 나도 '누군가가 보내 줬겠지?' 하고 안 보낼 때가 있었거든. 아마 그 아이는
공지를 못 받는 경우도 좀 있었겠지. 여러모로 힘들었는지 몇 달 후 카톡을 깔고
단톡방에 초대되었어.

비행기와 카카오톡은 우리에게 너무 익숙하잖아. 그래서인지 비행기를 타 보지 않은
아이, 카톡을 사용하지 않는 아이를 이해하지 못하고 무심코 뱉는 말들이 있어.
하지만 세상에는 우리가 당연하다 생각하지만 당연하지 않은 일들이 많아.
그러니까 곰곰이 생각해서 신중히 말하기로 하자.

맹수는 위험해서
사살해야만 해

나는 어릴 때부터 강아지가 너무 좋아서 키우고 싶단 생각이 있었어.
초등학교 3학년 때, 그렇게 원하던 강아지를 키우게 됐어. 친한 이웃이 이민을 가서
우리가 키우게 된 거야. 이름은 원래대로 '구름이'로 부르기로 했어. 그때 구름이의
나이는 3살이었어.

구름이는 미니 비숑이야. 구름이가 너무 귀엽고 사랑스러워서 한동안은 하루 종일
구름이 옆에 붙어 있었어. 구름이는 아빠를 가장 좋아하지만, 난 구름이가
이 세상에서 제일 좋아.
구름이와 지내면서 가장 행복했던 순간은, 겨울에 전기 장판을 켜서 따뜻한 상태로
구름이와 함께 자는 순간이야. 구름이가 따뜻한 침대에 벌러덩 누워 기분 좋은
표정으로 잠드는 모습이 너무 귀여워. 편안한 상태에서 구름이와 함께 잘 때 너무
행복해.

애완은 '동물이나 물품 따위를 좋아하여 가까이 두고 귀여워하거나 즐김'이란 뜻이고
반려는 '짝이 되는 동무'라는 뜻이야. 내가 어릴 때만 해도 주변 사람들이 개를
'애완견'이라고 부르고 '반려견'이란 말을 쓰는 사람은 거의 없었어.
그런데 요즘엔 사람들이 동물들의 권리에 대해 생각하게 되었어. 다들 애완견이
아니라 반려견이라고 불러. 동물을 가족이라고 생각하지.
구름이도 가족이 있어. 인간인 우리에게 보호를 받고 있어.

야생 동물 역시 반려 동물만큼
소중한 생명인데 야생 동물을
너무 함부로 대하는 것 같아
매우 불쾌했어.
야생 동물도 소중한 존재라고 생각하면
좋겠어.

그렇지만 인간 가족이 없어 보호를 받지 못하는 야생 동물들은 어떨까?

얼마 전에 인터넷 뉴스를 둘러보다가 기사 하나를 읽었어. 일본에서 농가의 젖소를 해친 불곰을 잡아서 사살한 뒤, 음식점에 팔았다는 소식이었어.

이 기사를 읽고 큰 의문이 들었어.

곰도 살기 위해선 젖소를 잡아먹어야 하잖아?

불곰이 살아남으려고 한 당연한 행동인데 사람들은 불곰을 마치 악마인 것처럼 표현하고, 죄 없는 불곰을 잡아 죽인 뒤 구이로 만들었어.

또 다른 기사에는 우리에서 탈출한 암사자 사순이를 사살했다는 내용이 있었어. 사순이가 지내던 곳은 개인이 운영하는 목장이었고, 탈출한 지 1시간여 만에 발견되어 사살 당했어. 사진으로만 봐도 사순이는 뼈가 훤히 보일 정도로 야위었어. 그동안 철장 안에서 얼마나 고통스러웠을지가 보였어. 사순이를 총으로 쏴 죽이는 것 말고 다른 방법을 선택할 수도 있었을 텐데.

이 기사들을 읽고 야생 동물 역시 반려 동물만큼 소중한 생명인데 야생 동물을 너무 함부로 대하는 것 같아 매우 불쾌했어.

나는 우리가 야생 동물을 또 다른 소중한 존재라고 생각했으면 좋겠어.

반려 동물이든 야생 동물이든, 인간을 가족으로 갖고 있든 말든, 모든 동물은 행복할 권리가 있어.

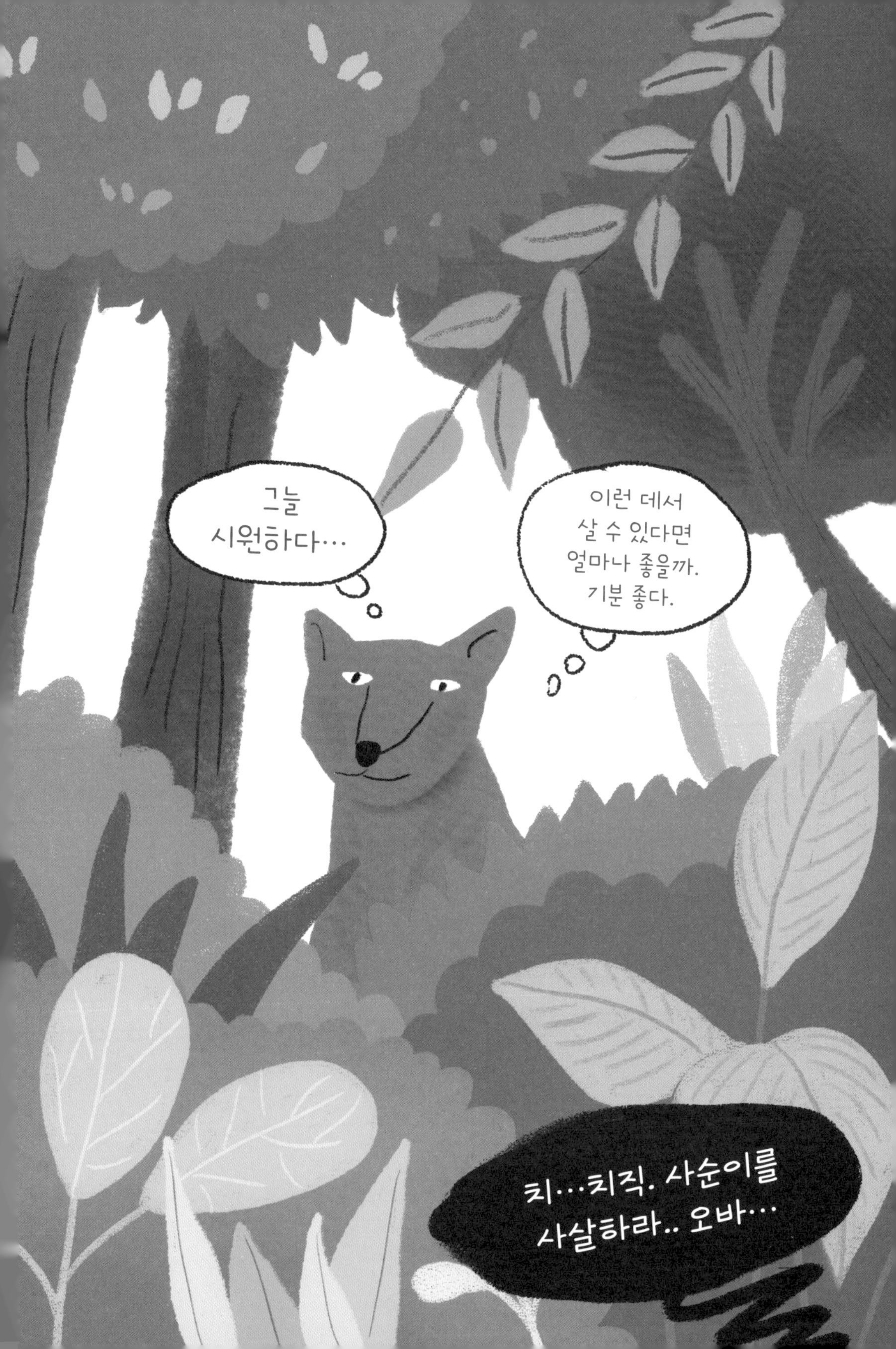
그늘
시원하다…
이런 데서
살 수 있다면
얼마나 좋을까.
기분 좋다.
치…치직. 사순이를
사살하라.. 오바…

극복해야 하는 건
장애가 아니야

얼마 전에 장애인 유튜버와 비장애인 연예인이 결혼한다는 소식을 들었어. 인터넷에
기사가 많이 올라왔지.
그런데 기사들의 헤드라인을 보자 순간 '뭐지?' 하는 생각이 들었어.

"전신마비도 극복한 사랑"

내가 본 모든 기사의 헤드라인에 들어가 있는 말이야.
저 말은 사랑보다 전신마비를 강조했어. 기사를 보면 두 사람의 사랑이 아닌
장애인과 비장애인의 사랑에 더 주목하게 돼. 그래서 장애인과 비장애인의 사랑을
특이하게 만들어.

○○뉴스

전신마비도 극복한 사랑

△△△기자

두 사람은 X년의 연애 끝에 부부의 연을 맺게
XX년 X월 X X 식장에서
예식을
수많은 사 축 속에
행복한

사랑은 누구나 할 수 있는 거야. 장애인이라고 해서 하기 어렵고 드문 일이 아니야.
극복이란 단어도 별로야. 장애를 가졌다고 하늘을 원망해야 하는 것도 아니고,
꼭 역경을 겪는 것도 아니야.
그런데 장애를 극복한다니, 꼭 장애를 갖고 있는 게 굉장히 불행한 일 같아.

우리의 몸은 그저 다른 것뿐이야. 장애인은 뭔가를 극복해야 하는 사람이 아니야.
장애인이 뭔가를 극복해야 한다면 그건 장애인 때문이 아니라, 장애인이 이용하기
어려운 시설을 만든 사회의 잘못이야. 그 문제를 극복하는 것은 장애인이 아니라
사회가 해야 할 일이야.

가끔 장애인이라고 남들과 다르게 생각하는 사람이 있어.
불쌍하다고 생각해. 무시하고 막 대해도 된다고 생각하는 사람도 있지.
우리는 다 같이 소중한 사람이야. 나와 좀 다르다고 이상하게 생각하거나,
막 대해도 되는 것이 아니라고.

우리는 장애인을 너무 투명하게 보고 있어서 마치 없는 것처럼 대하는 건 아닐까?
주변만 봐도 알 수 있어. 버스에는 휠체어를 타는 사람들에게 매우 불편한 턱이
있지. 건물에도 계단만 있는 곳이 있고. 대부분의 장소에는 시각 장애인을 위한
점자가 없어. 모두 장애인을 투명한 존재로 보고 만든 시설이야.
앞으로 우리가 해야 할 일은, 모두를 존중하는 시설을 만드는 것이야.

장애인이 뭔가를 극복해야 한다면
그건 장애인 때문이 아니라,
장애인이 이용하기 어려운 시설을 만든
사회의 잘못이야.

환경을
보호하라고?

학교에서 지겹도록 듣는 수업 중 하나는 '환경 보호'에 대한 거야.
사실 수학이나 영어 수업보단 낫지만, 환경에 대한 수업을 들으면 아무 생각이 안
들고 뇌를 잠시 밖에 빼놓은 느낌이 드는 것 같아.

환경 수업에서는 플라스틱을 줄이라고만 해. 새로운 내용은 배우지 않아.
딱딱하고 지루한 교육 영상만 45분을 보여 주고 끝나는 경우가 많아.
이런 수업은 너무 재미없어. 그래서 책상에 엎드리거나 딴 데를 보고 있어. 주위를
둘러보면 친구들도 거의 다 낙서를 하거나 엎드려 있어.

물론 수업에 집중 안 하고 딴생각하는 우리도 잘못이야.
근데 환경 수업 내용은 왜 항상 같을까?
반복되는 내용은 별로 듣고 싶지 않고, 영상으로만 대체되는 수업은 너무 지루하지.

어른들은 항상 우리에게
"여러분들이 이 세계의 미래이니
환경을 생각하는 좋은 어린이가 되세요."라고 하면서
정작 우리의 환경 수업은 신경써 주지 않아.

환경에 대해 무책임한 어른들도 있어.

얼마 전 기사에 환경부가 발표한 '일회용품 관리 방안 개정안'이 나왔어. 종이컵을 일회용품 사용 규제 품목에서 제외하고, 비닐 봉투 사용 단속을 중단한다는 내용이었어.

이 개정안에 대해 엇갈린 반응들이 있었어. 나는 일회용품 사용에 대한 규제를 느슨하게 한다면 환경은 분명 더 나빠질 거라는 의견에 동의해. 일회용품 사용이 걷잡을 수 없이 많아질 테니까.

어른들은 항상 우리에게 "여러분들이 이 세계의 미래이니 환경을 생각하는 좋은 어린이가 되세요."라고 해. 그런데 정작 우리의 환경 수업에는 신경을 써 주지 않아. 어른들이 만드는 법들도 환경을 보호하지 않고 오히려 망치기까지 해.

누가 일회용품 대체하면서 환경 보호도 할 수 있는 소재 좀 개발해 줘!!!

우리가 앞으로 이 세상을 살아 나가야 하니까, 환경에 대해 아는 건 우리에게 너무나도 중요한 일이잖아. 잘 알고 있어야 하지.
그러니까 어른들은 학생들이 적극적으로 참여할 수 있는 환경 수업을 만들고, 깨끗한 환경을 위한 법과 규칙을 만들면 좋겠어.

이 책을 함께 만든 이야기

'걷는생각'은 어린이, 청소년과 함께 인문학 공부와 글쓰기 수업을 진행하는
공간입니다. 이곳에서 쓴 글들은 걷는생각에서 독립 출판 형태로 책이 됩니다.
《어린이가 말한다》는 김나무 작가님이 초등학교 5학년부터 6학년까지 1년여 동안
걷는생각 수업 때 쓴 글들을 정식으로 출간한 책입니다. 수업에서 쓴 글들에
몇 개의 글을 추가했습니다.
《어린이가 말한다》 출간을 앞두고, 글을 쓴 김나무 작가님, 글쓰기 진행을
도운 걷는생각의 지혜 선생님 그리고 이 책을 만든 편집자가 만나 이야기를
나누었습니다.

편집자 걷는생각에서 김나무 작가님이 쓴 글들을 묶었을 때는 <차별과 혐오를
넘어서>라는 제목이었는데요. 독립 출판으로 만들어진 책을 보면서 어떻게 이런
제목을 가진 책이 나오게 되었을까 궁금했어요.

김나무 글을 다 쓰고 나서 책 제목을 붙였는데, 그때 몇 개의 후보가 있었어요.
후보들 중에서 마음에 드는 단어들을 골랐습니다.

지혜 "차별과 혐오가 싫어" 같은 후보도 있었던 걸로 기억해요.

<u>김나무</u> 이 글들을 썼을 때가 초등학교 5학년, 6학년이었는데 "차별과 혐오가 싫어"라는 제목은 초등학교 저학년들이 보는 책처럼 보일 것 같아서 마음에 들지 않았어요. 그것보다는 '넘어서'라는 단어가 더 와닿았습니다.

<u>편집자</u> 지금은 중학생이 되었는데요. 초등학생 때 쓴 글을 돌아보니 기분이 어떤가요?

<u>김나무</u> 지금은 저렇게 못 쓸 것 같아요.

<u>편집자</u> 왜 그런지 이유가 궁금한데요.

<u>김나무</u> 요즘은 이런 글을 쓸 일이 없어요. 학교에서 국어 시간에 쓰거나 수행 평가를 하는 정도입니다.

<u>지혜</u> 아이들에게 책 읽고 글 쓰는 시간이 잘 주어지지 않는 것 같아요. 이런 것들을 할 수 있는 정해진 시간과 공간이 있는 게 중요하다고 봐요.

<u>편집자</u> 매일 일어나는 일을 기록하는 '일기'와 자신의 생각을 일목요연하게 적는 '인문학적 글쓰기'는 분명히 차이가 있는데요. 이 책에 담긴 인문학적 글을 쓸 때 어떤 점이 힘들었나요?

김나무 생각나는 대로 쓰고 보여 주면 선생님이 고치라고 해서 힘들었어요.

지혜 일기 쓰기와 인문학적 글쓰기의 가장 큰 차이는 '퇴고'인 것 같아요.(웃음)

편집자 자기가 쓴 글을 고치는 것이 쉬운 일은 아니죠. 그렇지만 힘들더라도 앞으로 나아가라고 등 떠밀어 주는 어른들이 필요하다고 봅니다. 글을 쓰다 보면 뿌듯한 순간도 있었을 것 같은데요?

김나무 걷는생각에서 노트북으로 글을 썼는데, 생각나는 문장을 오타 없이 한 번에 타이핑할 때 기분이 좋았어요. 글을 쓰고 나서 스크롤을 쭉 내리면서 볼 때도 좋았어요. 그럴 때 회사원이 된 것 같았어요.

편집자 '어른이 된 것 같은 기분'이라고 해도 될까요?

김나무 어른이라고 해서 모두 사무실에서 타이핑하는 일을 하는 건 아니니까 '회사원'이라고 하는 게 더 정확할 것 같아요.

지혜 걷는생각의 창작자들은 타이핑하는 걸 좋아해요. 뭔가 근사한 일을 하고 있다는 느낌을 받는 것 같아요.

편집자 그건 어른들도 마찬가지인 것 같습니다.(웃음) 어린이, 청소년들과 글쓰기
수업을 진행하는 곳들은 많지만, 자기 이야기를 쓰는 동시에 인문학 공부를
진행하는 곳은 흔하지 않은데요.

지혜 레베카 솔닛이 "자아는 내가 느끼는 만큼의 영역"이라고 말한 것처럼
나로부터 시작되는 이야기가 창작의 영역이라면, 인문학 수업은 그걸 넘어서게 하는
힘을 가지고 있어요. 인문학은 세계에 대한 관심에서 시작된 것이고, 세계에 대해
알아 가는 것이 공부잖아요. 공부만 하면 새롭게 알게 된 것이 휘발되기 때문에,
글쓰기를 통해 내가 알게 된 것을 붙잡아 두는 게 중요한 것 같아요.

편집자 그럼 걷는생각에서는 인문학적 글쓰기가 이뤄지는 건가요?

지혜 인문학 시간에 다 같이 모여 인문학 공부를 하고, 이 수업에서 알게 된 내용을
글쓰기로 정리해요. 각자 자신의 작품을 쓰는 창작 시간은 따로 있는데, 보통
이 시간에는 소설이나 시를 쓰는 경우가 많아요.
창작 시간에 인문학적인 주제로 글을 써 보고 싶다고 한 건 김나무 작가님이
처음이었어요. 너무 반가웠죠. 어렵고 힘든 시간을 거쳐 한 권으로 묶을 만큼 글을
써 냈을 때는 자랑스러운 마음이 커서 책을 몇 부 더 인쇄했고, 관심 가져 주시는
분들에게 소개를 했습니다.

편집자 그 덕분에 키다리 출판사에서 김나무 작가님의 글을 발견하게 되었지요. 작가님은 왜 인문학적 글쓰기를 선택했나요?

김나무 평소에 엄마와 언니가 차별에 대한 이야기를 많이 하는 편이에요. 걷는생각에서 어떤 글을 쓸지 정해야 하는 날이었는데 따로 생각나는 게 없어서 그걸 하겠다고 했어요.

편집자 혹시 김나무 작가님만의 글쓰기 특징이 있을까요?

지혜 걷는생각의 창작자들은 저마다 작업 방식이 다른데요. 김나무 작가님은 일단 흰 종이 한 장을 놓고 예쁜 펜을 들고 '오늘은 어떤 이야기를 써 볼까?' 낙서하듯이 적어 보는 것을 좋아했어요.

김나무 요즘도 그 방법을 써요. 뭔가 이야기해야 할 일이 있으면 그냥 이야기하는 것보다 종이에 적어 가면서 이야기하는 게 더 잘 전달되는 것 같아요.

편집자 이 책에는 어린이의 입장이 고스란히 담겨 있는데요. 선생님은 김나무 작가님의 원고를 보며 뜨끔했던 순간이 있었나요?

지혜 원고 중에 학원 선생님이 "너희가 지금 친구 사귈 때냐?"라고 말했다는 내용이 있는데요. 이 글을 쓸 때 "그 선생님 너무하다."고 대화를 나눴었거든요. 그런데 제가 얼마 전에 양육자 입장에서 제 아이에게 이 말을 한 거예요. 그 말을 뱉는 순간, 김나무 작가님의 원고가 번뜩 떠올랐어요.

편집자 어른이라고 완벽할 수는 없잖아요.

지혜 그렇긴 하지만 조심해야 하는 말들이 있는 거잖아요. 저도 어렸을 때 "지금이 친구 사귈 때냐?" 같은 말을 싫어했는데, 김나무 작가님의 원고를 보지 않았다면 저에게도 그런 경험이 있었다는 사실을 쉽게 떠올리지 못했을 것 같아요. 덕분에 마음을 다잡게 되는 거죠.

편집자 《어린이가 말한다》를 보는 사람들이 어떤 생각을 하길 바라나요?

김나무 제가 이 책에서 지적한 나쁜 표현들을 절대 하지 말라는 건 아니에요. 저도 가끔 그런 말들을 할 때가 있기 때문에 글을 쓰면서 '내가 이런 글을 써도 되나?' 고민이 되기도 했어요. 현실에서는 차별과 혐오가 담긴 말들을 쓰는 사람을 봐도 직접 지적하지 못하는 게 아쉽기도 해요.

지혜 김나무 작가님만 그런 게 아니라 우리 모두에게 그런 면이 있는 것 같아요. 이 책에 실린 것 같은 글을 쓴다는 건 우리가 결점 없는 사람들이라서가 아니라, 어디로 가야 하는지 방향을 알기 때문 아닐까요? 내가 쓴 글과 똑같은 삶은 사는 게 아니더라도, 글을 쓰는 게 백 배 천 배 더 좋은 것 같아요.

편집자 자신이 쓴 글과 자신의 삶이 일치하는지 돌아보고 고민하는 김나무 작가님의 모습이 인상적인데요, 이런 모습 또한 인문학적 태도라는 생각이 듭니다.

지혜 저 역시 이 책에 담긴 생각들이 절대적이라고 생각하지 않아요. 김나무 작가님이 차별과 혐오를 일삼는 사람들을 비난하기 위해 이 글들을 쓴 것도 아니고요. '이런 생각을 가진 사람이 있다.'는 것을 알아봐 주는, 열린 상태의 책 읽기면 좋을 것 같아요.
《어린이가 말한다》는 어린이를 주요 독자로 하는 책이지만, 어른들이 많이 읽으면 좋겠어요. 어린이 당사자가 하는 이야기를 당사자가 아닌 사람들, 어른들이 많이 읽어야 조금이라도 우리 삶에 변화가 생길 테니까요.

글 김나무

서울에서 태어났다. '걷는생각'에서 4년 동안 함께 책을 읽고 글을 썼다.
초등학생 때는 집 안에서 창문 밖을 보는 것을 좋아했으나,
중학생인 지금은 암막 커튼을 치고 지낸다.
넷플릭스로 영화 보기, 편의점 가기를 좋아하고, 가을과 겨울, 생일 케이크를 좋아한다.
《어린이가 말한다》에 실은 글들은 초등학교 5학년 때부터 6학년 때까지 1년여 간 썼다.

그림 경자

어떻게 하면 내가 만든 세계에서 친구들이 즐거울 수 있을까, 오늘도 행복한 고민을 한다.
그림책 《누군가 뱉은》, 《거대얼굴》, 《잠자》, 《좋아! 싫어!》를 쓰고 그렸으며,
《세상에서 가장 특별한 1》, 《모든 것이 다 있다》, 《친구 잘 사귀는 법》, 《돈 잘 쓰는 법》,
《글 잘 쓰는 법》, 《드라큘라의 시》 등에 그림을 그렸다.

진행 지혜

학교 안에서 문학과 문화콘텐츠를 공부했다. 학교 밖에서 읽기와 쓰기 그리고
태도를 공부하고 있다. 오래 남는 일이 하고 싶어서 '걷는생각'의 문을 열었다.
걷는생각에서 우리는 인문학을 공부하고 글을 쓴다.
쓴 책으로 청소년 인문학 에세이 《읽고 쓰고 내가 됩니다》가 있다.